Lucina Micale
Christoph Wurm

Pronti per parlare
Besser Italienisch sprechen

Lernwortschatz für die
mündliche Kommunikation

Alles Digitale zu diesem Buch kann auf der Lernplattform **allango** von Ernst Klett Sprachen abgerufen werden. So geht's:

QR-Code scannen oder **www.allango.net** aufrufen	Buchtitel oder ISBN in der Suche eingeben und auf das Buchcover klicken	Zum Inhalt navigieren, direkt abrufen oder speichern

Dieses Symbol bedeutet, dass zu einem Buch-Abschnitt ein digitaler Inhalt verfügbar ist.

Ernst Klett Sprachen
Stuttgart

1. Auflage 5 | 2026

Alle Drucke dieser Auflage sind unverändert und können im Unterricht nebeneinander verwendet werden.
Die letzte Zahl bezeichnet das Jahr des Druckes.
www.klett-sprachen.de

Konzeption: Christoph Wurm
Für die italienische Ausgabe: Lucina Micale

Redaktion: Simone Roth
Layoutkonzeption: Elmar Feuerbach, Sandra Vrabec
Gestaltung und Satz: Satzkasten, Stuttgart
Umschlaggestaltung: Andreas Drabarek
Tontechnik: Andreas Nesic, custom music, Stuttgart
Sprecher: Matteo Conti, Jasmin Fäth, Elisabetta Nöldeke, Sarah Ravizza, Antonio Quattrone
Druck und Bindung: Elanders GmbH, Waiblingen

Printed in Germany
ISBN 978-3-12-519569-1

Lernen mit *Pronti per parlare – Besser Italienisch sprechen*

Wer?

Neben den erprobten Lernwortschatz *Pronti per scrivere – Italienischer Wortschatz zur Textarbeit* tritt jetzt mit *Pronti per parlare – Besser Italienisch sprechen* ein Lernwortschatz zum mündlichen Sprachgebrauch in den Mittelpunkt. Das Buch wendet sich an alle Benutzer des Italienischen – Lernende wie Lehrende.

Es umfasst alltägliche Gesprächssituationen im privaten Bereich, die geschäftliche Kommunikation in unmittelbaren Begegnungen oder am Telefon, professionell vorbereitete Präsentationen, die Leitung von Diskussionsrunden oder auch die gezielte Vorbereitung von Bewerbungsgesprächen und mündlichen Prüfungen in Schule und Hochschule.

Pronti per parlare – Besser Italienisch sprechen ist daher eine praktische und benutzerfreundliche Hilfe für

- das allgemeine Auffrischen und Vertiefen des gesprochenen Italienischen
- den konkreten Gebrauch im italienischsprachigen Ausland
- den Umgang mit italienischsprachigen Gästen im deutschen Sprachraum
- den zielgerichteten Gebrauch im internationalen Geschäftsbereich
- die Anwendung im schulischen Unterricht bereits ab der Sekundarstufe I
- die ausführliche Vorbereitung auf mündliche Prüfungen in der Schule und an der Universität

Was?

Pronti per parlare – Besser Italienisch sprechen enthält – nach zentralen Kompetenzen geordnet – die wichtigsten ca. 1500 Vokabeln, Ausdrücke und Wendungen, die zur aktiven Gestaltung verschiedener mündlicher Kommunikationssituationen benötigt werden. Die Gliederung orientiert sich an gängigen Gesprächskonstellationen und erleichtert zielgerichtetes Lernen in übersichtlichen, in sich geschlossenen Einheiten.

In der modernen Fremdsprachendidaktik ist die mündliche Kommunikation von elementarer Bedeutung. Klassenarbeiten und Klausuren werden verstärkt durch mündliche Prüfungen ersetzt. Speziell der Vorbereitung und Durchführung von mündlichen Prüfungen ist daher ein ausführliches Kapitel gewidmet. Es basiert auf den aktuellen Lehrplänen der ausgehenden Sekundarstufe I und orientiert sich an den neuen kompetenzorientierten Vorgaben für das Zentralabitur. Einen genaueren Einblick in die konkrete Durchführung von mündlichen Prüfungen geben modellhafte Beispiele.

Wie?

Pronti per parlare – Besser Italienisch sprechen eignet sich sowohl für den Einsatz im Unterricht als auch zum gezielten Selbststudium. Ferner ist das Buch ein nützlicher Begleiter bei Reisen ins italienischsprachige Ausland sowie eine praktische Hilfe bei verschiedenen internationalen Begegnungen.

Das Lernen und Anwenden des Sprachmaterials erfolgt in einfachen und klaren Schritten. Jede Seite ist zweigeteilt: In der linken, breiteren Spalte werden die Vokabeln und Redewendungen im Satzzusammenhang präsentiert, der italienische Lernwortschatz ist dabei fett gedruckt. Rechts befinden sich die deutschen Übersetzungen des Lernwortschatzes. Die konkrete Einbettung in Satzstrukturen dient dazu, Fehler bei der Anwendung von Begriffen und Wendungen zu vermeiden.

Die Info-Kästchen bieten Hinweise auf Besonderheiten der italienischen Umgangssprache.
Alle Audios und die vollständigen Dialoge können über allango.net abgespielt werden (siehe Seite 1).
Diese Inhalte sind am allango-Symbol auf den jeweiligen Seiten zu erkennen.
Die beiden Register am Ende des Buches (Deutsch-Italienisch und Italienisch-Deutsch) ermöglichen das rasche Auffinden von Vokabeln und Redewendungen.

Abkürzungen

col. – colloquiale
etw. – etwas
jdm – jemandem
jdn – jemanden

Indice

1 | Partecipare a conversazioni quotidiane – An Alltagsgesprächen teilnehmen

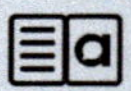

Ciao Mariella, come stai?

Bene, grazie. E tu?

Anch'io sto bene. Andiamo a fare shopping?

Certo!

(Nel negozio:)
Guarda com'è carina questa camicetta!
Che te ne pare?

Non so… direi che non fa per me.

Non ti piace?

Beh, mi piace il motivo, ma il colore non tanto... il verde non mi dispiace, però non è uno dei miei colori preferiti.

A me questa camicetta piace moltissimo. Guarda il tessuto, è così morbido!

Sì, è vero, è delicatissimo.

...

1.1. Iniziare una conversazione e presentarsi – Ein Gespräch eröffnen und sich vorstellen

Scusa, Una **domanda,** | sei Martino, no?	Entschuldigung Frage
Mi scusi, | Lei è la signora Gangi, no? **Mi perdoni,** | Lei è il signor Bianchetti, giusto?	Entschuldigung Verzeihung
Il tuo | viso / nome / **cognome** | **mi è familiare,** / **non mi è nuovo,** | ci conosciamo?	kommt mir bekannt vor ist mir nicht neu Nachname
Lei come **si chiama?** Qual è il **Suo nome?**	heißen Sie
Lei come **si chiama di** Qual è il **Suo** | **cognome?**	heißen Sie mit Nachnamen
Il mio **cognome** è Repossi.	Nachname
Il mio **nome completo** è Maria Santoro Tufano.	vollständiger Name
Senti, *asino* è il **soprannome** di Gianni?	Spitzname
Scusa, | questa / la | signora è | tua **cugina?** / la **cognata** di Antonella?	Cousine Schwägerin
Carlo è | tuo **fratello?** / il **cugino** di Enrico?	Bruder Cousin
Mi permetta di presentarLe **Posso presentarLe** | la signora Nastasi./?	Darf ich Ihnen vorstellen
Lieto di **Piacere di** | **conoscerLa.**	Freut mich, Sie kennen zu lernen.
Come va? **Come stai?** **Come** | **sta (Lei)?** **Come** | **stanno** i signori? **Tutto bene?** **Che mi racconti?**	Wie geht's? Wie geht's? Wie geht es Ihnen? *(Sing.)* Wie geht es Ihnen? *(Plur. archaisch)* Was gibt's? Was gibt's Neues?
Bene, grazie. **Molto bene.** Molto bene, non mi posso **lamentare.** **Non c'è male.** **Così così.**	Danke, gut. Sehr gut. beklagen Es geht so. Es geht so./Mäßig.

Sono	**tedesca**.	Deutsche
	di Milano.	aus Mailand
	studente/studentessa.	Student(in)
	un **amico** di Paolo.	Freund
	un'**amica** di Laura.	Freundin
	il **marito** di Luisa.	Ehemann
	la **moglie** di Pietro.	Ehefrau

Sono qui	**in vacanza**.	im Urlaub
	per **fare visita ad** una mia amica.	besuchen
	per la prima volta.	das erste Mal
	con i miei **genitori**.	Eltern
	da una settimana.	seit
	per il **compleanno** di Giovanni.	Geburtstag
	perché mi ha **invitato** Anna.	einladen

Vorrei	parlare con te.	
	dirti una cosa.	
	parlare con Lei un attimo.	Ich würde gerne
	chiederti un consiglio.	
	fare una proposta.	einen Vorschlag machen.

1.2. Durante una conversazione – Die Unterhaltung fortführen

1.2.1. Mostrare interesse durante una conversazione – Interesse an Erzähltem zeigen

Questo sì che è Questo è davvero	**divertente!**	lustig
	magnifico!	herrlich
	strano!	merkwürdig
	sorprendente!	überraschend
	incredibile!	unglaublich
	inimmaginabile!	unvorstellbar
	un bello **scherzo!**	Witz

1.2.2. Chiedere informazioni – Erkundigungen anstellen

Una domanda,	Gianni non vive più a Torino?	eine Frage; etwas, was ich dich fragen wollte
È vero che	Daria è a Parigi?	stimmt es, dass
Sei sicura che Daria sia a Parigi?		Bist du dir sicher, dass

1.2.3. Chiedere un'opinione – Nach Einschätzungen fragen

Che ne **pensi**	**della**	legalizzazione della marijuana?	halten von
Qual è la tua **opinione**	**sulla**		Meinung über
	(Präp. + Artikel)		

1.2.4. Invitare cortesemente a svolgere un'azione – Ein freundliches Angebot machen

Perché non ci	dai il tuo **numero di cellulare**?	Handynummer
	scrivi il tuo **indirizzo** su questo foglietto?	Adresse
	vediamo domani per suonare assieme?	treffen
	chiami prima?	anrufen
	scrivi una **e-mail?**	E-Mail

Ci potresti	**mandare**	**un**	**messaggio WhatsApp?**	WhatsApp schicken
	spedire		**messaggino?**	SMS schicken

1.2.5. Scusarsi – Sich entschuldigen

Scusami,		Entschuldige, …
Perdonami,	non volevo **offenderti**.	dich beleidigen
	non lo **sapevo**.	wissen

1.2.6. Avvertire qualcuno sulle conseguenze di un'azione – Darum bitten, Konsequenzen zu bedenken

Pensa ai rischi.			denken an
Non	**dimenticare**	i rischi del progetto.	nicht vergessen
	sottovalutare		nicht unterschätzen
	prendere alla leggera		nicht auf die leichte Schulter nehmen

1.2.7. Chiedere un favore – Um einen Gefallen bitten

Volevo	**chiederti**	**un favore**.	dich um einen Gefallen bitten
Vorrei		**una cosa**.	dich um etwas bitten

1.2.8. Incitare qualcuno – Jemanden auffordern, anregen

Perché non	mandiamo una richiesta on-line?	Warum … nicht …?
	consultiamo un esperto?	

Vogliamo	scrivere una lettera al direttore?	
Non ti sembra meglio		besser finden
Sei sicura che non valga la pena	prendere l'iniziativa?	sicher sein

1.2.9. Mostrare di non aver capito – Unverständnis ausdrücken

Non	**capisco**	perché questo ti sembra tanto difficile.	nicht verstehen
	riesco a capire		nicht ganz verstehen
	mi entra in testa		jdm nicht in den Kopf gehen

1.2.10. Rallegrarsi per qualcuno – Sich mit jemandem freuen

Sono contento di sentirlo.	sich freuen
Mi fa molto piacere che tu abbia avuto tanto successo.	sehr gefallen
Mi dà sollievo sentire che tutto è andato bene.	erleichtern
Buon compleanno!	Herzlichen Glückwunsch zum Geburtstag!
Buon onomastico!	Herzlichen Glückwunsch zum Namenstag!
Auguri!	Herzlichen Glückwunsch (zur Hochzeit)!
Felicitazioni!	Herzlichen Glückwunsch!
Congratulazioni!	Herzlichen Glückwunsch (zur bestandenen Prüfung)!
Buone vacanze!	Frohe Ferien!
Buon fine settimana!	Schönes Wochenende!
Buon Natale!	Frohe Weihnachten!
Buon anno!	Frohes neues Jahr!
Buona Pasqua!	Frohe Ostern!
Buona notte!	Gute Nacht, schlaf gut./Ruh dich aus.
Buona guarigione!	Gute Besserung!
Rimettiti presto!	Gute Besserung!
Felice anno nuovo!	Frohes neues Jahr!
Le mie più sentite condoglianze.	Herzliches Beileid.

1.2.11. Condividere emozioni – Gefühle teilen

Come ti invidio!	Wie sehr ich dich beneide.
Che peccato!	Wie schade.
Che sfortuna!	Was für ein Pech.
Che sfiga!	Was für ein Pech *(vulg.)*.

1.2.12. **Tranquillizzare qualcuno** – Jemanden beruhigen, beschwichtigen

		Italiano	Deutsch
Non	è	**così importante!**	so wichtig
		la fine del mondo!	das Ende der Welt
	ti	**spaventare!**	Hab' keine Angst.
		offendere!	Sei nicht beleidigt.
		preoccupare!	Mach dir keine Sorgen.
	pensarci più.		Denk' nicht immer daran.
	sentirti offeso.		Sei nicht beleidigt.
	perderci tempo.		Verliere keine Zeit.
	rimuginarci su.		Grüble nicht.
	perdere la testa!		Verlier' nicht den Kopf.

1.2.13. **Essere d'accordo o contraddire** – Zustimmen oder widersprechen

Certo!	Stimmt.
Come no!	Aber klar.
D'accordo!	Einverstanden.
Ma è chiaro!	Klar.
Ma certamente!	Aber sicher.
Eccome!	Und ob.
Sicuro!	Und ob.
Esatto!	Genau.
Esattamente!	Genau.
Lo vedi?	Siehst du?
Ecco, appunto!	Na also!
Perché no!	Warum nicht!

	Italiano	Deutsch
No,	**non è così.**	nicht so sein
	vedo le cose in maniera molto **differente**.	unterschiedlich
	la realtà è molto **diversa**.	unterschiedlich, anders
	non può essere.	nicht wahr sein dürfen

1.2.14. **Esprimere sorpresa** – Überraschung ausdrücken

	Italiano	Deutsch
Questo	**non me lo aspettavo**.	nicht erwarten
	mi **sorprende**.	überraschen
	non lo **sapevo**.	wissen
	non può essere vero.	nicht wahr sein können
Questa è una **sorpresa!**		Überraschung

1.3. Parlare delle proprie preferenze – Über persönliche Vorlieben sprechen

Italiano		Deutsch
Ti	**interessa** il calcio?	interessieren
	piace l'opera?	gefallen
	attrae l'idea?	Lust haben/anziehen

Italiano		Deutsch
Che ne pensi di	un fine settimana a Venezia?	Wie findest du …?

					Deutsch
(Non)	**sono interessato al**			bricolage.	sich interessieren
	mi	**interesso di**			sich interessieren
		piace	il		gefallen
		appassiona			begeistern
		entusiasma			begeistern
		affascina			faszinieren

			Deutsch
(È) meglio	**non toccare**	questo argomento.	lieber beiseite lassen
	non parlare di		lieber nicht über … sprechen
	lasciare		besser lassen
	non impelagarci in		sich besser nicht einmischen

1.4. Concludere una conversazione – Ein Gespräch abschließen

Italiano		Deutsch
È stato **un piacere**	parlare con te.	ein Vergnügen
Mi ha **fatto molto piacere**		sehr gefallen
Vale sempre **la pena**		sich lohnen

			Deutsch
Bene,	a	**dopo**.	bis später/nachher
		tra poco.	bis später
		presto.	bis bald
		dopodomani.	bis übermorgen
	arrivederci.		auf Wiedersehen
	ci vediamo giovedì.		wir sehen uns

Divertiti / buon divertimento.	Viel Vergnügen.
Divertitevi.	Viel Vergnügen *(pl.)*.
Stammi bene.	Alles Gute.
Buon rientro.	Komm gut nach Hause.

> In tedesco si dice *Viel Vergnügen, viel Spaß*.
> L'equivalente italiano è l'imperativo del verbo divertirsi: divertiti, divertitevi, si diverta!

2 | Comunicare in classe – Am Unterrichtsgespräch teilnehmen

Buongiorno a tutti.

Buongiorno, Signor Schneider.

Carolina, puoi chiudere la finestra, per favore?

Un momento, per favore.

Riprendiamo il testo dell'ultima lezione.

"Una nuova era della comunicazione?"

Sì, l'articolo di Rosamaria Cerli.

A che pagina?

...

2.1. Istruzioni – Arbeitsanweisungen

Per favore, / piacere,	**aprite** i libri a pagina 121.	öffnen
	chiudete i libri.	schließen
	completate queste frasi.	vervollständigen
	elaborate un altro dialogo di questo tipo.	erstellen
	iniziate (con) gli esercizi.	anfangen
	fate quest'**esercizio.**	Übung
	leggi il tuo riassunto, Paolo.	Zusammenfassung
	usate il **dizionario,** se ne avete bisogno.	Wörterbuch
	prendete appunti.	sich Notizen machen
	dimmi quello che hai scritto, Laura.	sagen
	ripeti la domanda.	wiederholen
	non dimenticate quello che avete imparato ieri.	vergessen

Allora,	**lavorate in coppia.**	Partnerarbeit machen
	facciamo un **esercizio di ascolto**.	Hörverstehensübung
	andiamo a vedere uno spezzone di un **film** di Rossellini.	Film
	ascoltiamo adesso una **canzone** d'autore.	Lied
	lavoriamo adesso con le **immagini**.	Bildmaterial
	descrivete questa foto.	beschreiben
	continuiamo il nostro dibattito.	fortsetzen
	terminiamo la discussione.	beenden
	confrontiamo i due testi.	vergleichen
	parliamo adesso del terzo **paragrafo**.	Textabschnitt
	analizziamo lo stile dell'autore.	analysieren
	interpretiamo la seconda parte della poesia.	interpretieren

2.2. Invitare gli alunni a prendere parte alla lezione – Einladung zur Mitarbeit

Chi vuole	**continuare**?	weitermachen
	leggere il testo?	vorlesen
	scrivere sul **lucido?**	Folie
	correggere questa frase?	berichtigen
	darci una **versione alternativa**?	Alternativversion, andere Version
	formulare una frase di questo tipo?	formulieren
	proporre un'alternativa?	vorschlagen
	riassumere i concetti?	zusammenfassen
	dire qual è il **tema** di questo articolo?	Thema

Chi sa	se qui bisogna **utilizzare** il passato prossimo o l'imperfetto?	verwenden
	coniugare *andare*?	konjugieren
	cosa significa *trappola*?	was ... bedeutet
	se questa parola **si scrive con l'accento**?	einen Akzent tragen
	se le due parole **hanno uguale significato**?	dieselbe Bedeutung haben
	qual è la differenza tra queste due parole?	worin der Unterschied besteht
	in quale parte d'Italia **si trova** il Gran Sasso?	sich befinden
	definire il **concetto** di *città marinare*?	Begriff
	differenziare i termini *Rinascimento e Risorgimento*?	unterscheiden zwischen
	perché questo **processo storico** è durato tanto tempo?	historischer Prozess
	qualcosa sulle **origini** / **radici** di questo problema?	Ursprünge / Wurzeln

Perché non	**vediamo** se ci sono		(nach)sehen
	pensate ad		denken an
	immaginiamo		sich vorstellen
	proviamo a trovare		versuchen zu
		altre opzioni?	andere Wahlmöglichkeiten/ Optionen
		alternative?	Alternativen

2.3. Chiedere aiuto all'insegnante – Den Lehrer um Hilfe bitten

Può	**aiutarci**?	helfen
	spiegarcelo di nuovo?	erklären
	scrivere la parola **alla lavagna**?	an die Tafel schreiben
	parlare **a voce** un po' **più alta?**	lauter
	ripetere la domanda?	wiederholen

2.4. Chiedere i materiali per lavorare in classe – Um Arbeitsmaterialien bitten

Scusa, puoi	prestarmi / darmi	per favore	la tua **matita?**	Bleistift
			la tua **penna?**	Kuli
			la tua **penna stilografica?**	Füller
			la **stilo?**	Füller
			la tua **gomma da cancellare?**	Radiergummi
			il tuo **temperamatite?**	Bleistiftanspitzer
			il tuo **cancellino?**	Tintenkiller
			il tuo **bianchetto?**	Tintenkiller
			il tuo **righello?**	Lineal
			il tuo **libro di grammatica?**	Grammatikbuch

2.5. Chiedere la collaborazione degli alunni – Die Schüler um Hilfe bitten

Puoi	**aprire la finestra,**		per favore?	Fenster öffnen
	chiudere la finestra,			Fenster schließen
	accendere la luce,			Licht anmachen
	pulire la lavagna,			Tafel putzen
	aiutarmi con			helfen
		il proiettore per lucidi,		Overheadprojektor
		la lavagna luminosa,		Overheadprojektor

2.6. Chiedere il permesso dell'insegnante – Um Erlaubnis des Lehrers bitten

Posso	**usare il dizionario,**	per favore?	das Wörterbuch verwenden
	aiutare Luisa,		helfen
	spiegare la mia idea,		erklären
	buttare questa cartaccia nel **cestino,**		Papierkorb
	andare in bagno,		auf die Toilette gehen

2.7. Chiedere spiegazioni – Um Erklärungen bitten

Scusi, non	**capisco**	questa	parola.	verstehen
			regola.	Regel
	conosco			kennen

Che cosa	**significa**	questa frase?	bedeuten
	vuol dire		aussagen

Chi conosce	un **sinonimo**	di iniziare?	Synonym *(= Wort, das ungefähr dasselbe bedeutet wie ein anderes)*
	l'**antonimo**	di vivere?	Antonym *(= Wort, das das Gegenteil bedeutet)*
	il **contrario**		Gegenteil

3 | Parlare al telefono – Telefongespräche führen

Ristorante *Bellavia*. Prego, come posso aiutarLa?

Buonasera. Vorrei riservare un tavolo per questo sabato, a cena.

Molto bene. Per quante persone?

Siamo in cinque.

Per che ora?

Per le otto e mezza.

Benissimo. Le ho riservato un tavolo per cinque persone, per sabato 25 marzo alle otto e mezza.

...

Il tema di questo capitolo sono le conversazioni private e quelle di lavoro. Alcune espressioni si possono utilizzare indifferentemente in entrambe le situazioni, ma la maggior parte si utilizza o solo in conversazioni private o solo in conversazioni di lavoro.

3.1. Conversazioni private – Privatgespräche

Pronto?	Hallo.
Sì?	Hallo. / Ja bitte?
Salve, / Ciao, **sono** Carlo.	hier ist ...
Salve, / Ciao, **con chi parlo?**	mit wem spreche ich
Salve, / Ciao, **posso parlare con** Filippo?	kann ich mit ... sprechen
Salve, / Ciao, **c'è** Filippo?	ist ... da
Al telefono.	Am Apparat.
In linea.	Am Apparat.
Subito!	Sofort.
Un momento, per favore!	einen Augenblick
Non metta giù!	Leg nicht auf!
Mi dispiace, **non riesco a trovarlo/a.**	Ich kann ihn/sie nicht finden.
Mi dispiace, **non so dov'è**.	nicht wissen, wo er/sie ist
Mi dispiace, non è **in casa**.	zuhause
Mi dispiace, in questo momento **non può venire al telefono**.	an den Apparat kommen
Mi dispiace, non c'è. Vuole **lasciare un messaggio**?	Nachricht hinterlassen
Mi dispiace, **non** vive **più** con noi.	nicht mehr
Questa è la **segreteria telefonica** del numero 65567645.	automatischer Anrufbeantworter
In questo momento non siamo in casa. Vi preghiamo di **lasciare un messaggio** dopo il segnale acustico.	Nachricht hinterlassen

3.1.1. Al citofono – Am Türöffner

Sì?	Ja bitte?
Chi è?	Hallo?

3.1.2. Problemi di comunicazione – Verständnisschwierigkeiten

Numero errato.	Verwählt.
Non ti sento bene.	Ich verstehe dich schlecht.
Si è interrotta la comunicazione.	Die Verbindung wurde unterbrochen.

La linea **è occupata**.	besetzt sein
Grazie, **richiamo** tra un'ora.	wieder anrufen

3.2. Conversazioni di lavoro – Geschäftliche Gespräche

Vorrei / **Posso** – parlare con il – capo. / Sig. Rossini?	Ich würde gerne … / Kann ich …
Può **passarmi** il – capo. / Sig. Rossini?	verbinden
Chi lo desidera?	Wer ist da?
Può / Potrebbe – **lasciargli un messaggio** da parte mia?	jdm etw. ausrichten
Può / Potrebbe – dirgli di **richiamarmi?**	zurückrufen
Può / Potrebbe – **informarlo** della mia chiamata?	informieren
Può / Potrebbe – dargli il mio numero di **cellulare**?	Mobiltelefon
Vuole – **annotarsi** / **scriversi** – il mio numero?	notieren
Un momento, prego, – **glielo** – **passo** subito(.) – il Sig. Meli.	… gebe ihn Ihnen.
Un momento, prego, – **Le** – **passo** subito(.) – il Sig. Meli.	… gebe Ihnen.
Un momento, prego, – **La metto in linea**.	… stelle Sie durch.
Un momento, prego, – **non metta giù**.	… legen Sie nicht auf.
Un momento, prego, – **arriva subito al ricevitore**.	… kommt selber an den Apparat.
Un momento, prego, – parlo con – la sua **segretaria**.	Sekretärin
Un momento, prego, – parlo con – il suo **segretario**.	Sekretär
Mi dispiace,	leid tun
Mi dispiace, – **è in riunione**.	Konferenz
Mi dispiace, – **qui non c'è**.	nicht hiersein
Mi dispiace, – in questo momento non può **venire al telefono**.	an den Apparat kommen
Mi dispiace, – **la linea è occupata**.	besetzt sein
Mi dispiace, – non ho capito a quale Sig. Leandri **si riferisce**, Antonio o Pietro?	meinen
Gli / Le – dica che – può chiamarmi **tutto il giorno** al 134344.	den ganzen Tag
Gli / Le – dica che – lo/la **aspetto** alle sei e mezza.	erwarten
Gli / Le – dica che – domani **non ho tempo**.	keine Zeit haben
Grazie, – **richiamo** tra mezz'ora.	wieder/nochmals (später) anrufen
Grazie, – aspetto la sua – **chiamata**	Rückruf
Grazie, – aspetto la sua – **telefonata**.	Anruf, Rückruf

Buongiorno. Sono Monica Giannini, abbiamo parlato per telefono.

Buongiorno, signora Giannini, sono Pietro Scalchi. Piacere di conoscerLa.

Piacere mio!

Prego, si sieda. Ha trovato facilmente il nostro indirizzo?

Senza problemi. Le istruzioni che mi ha dato la Sua segretaria sono state molto utili.

Mi fa piacere. Bene, iniziamo il nostro colloquio. Perché vorrebbe lavorare da noi?

Prima di spedire la mia candidatura mi sono documentata sulla Sua ditta e sono rimasta molto colpita da quello che ho letto. Sarebbe un privilegio per me lavorare qui.

Quale aspetto del nostro lavoro ha richiamato maggiormente la Sua attenzione?

...

4.1. Iniziare un colloquio di lavoro – Ein Bewerbungsgespräch eröffnen

Il **datore di lavoro**:	Arbeitgeber
Buongiorno, Sig. De Carlo. / Mi chiamo Ezio Giuliani, abbiamo parlato per telefono l'altro ieri.	Guten Morgen
Buonasera.	Guten Tag
Il **candidato**:	Bewerber
Lieto di / **Piacere di** **conoscerLa!**	Freut mich, Sie kennen zu lernen.
Il datore di lavoro:	
Prego, si sieda!	Bitte setzen Sie sich.
Il candidato:	
La ringrazio di **avermi invitato**.	eingeladen zu haben
Il datore di lavoro:	
Com'è andato il viaggio?	Wie war ...?
Il candidato:	
Molto bene, grazie, non ho avuto problemi ad **arrivare**.	herkommen

4.2. Parlare delle ragioni per cui è stata mandata la candidatura – Über die Motive für die Bewerbung sprechen

Cosa **sa** della nostra ditta?	wissen
Cosa **conosce** della nostra ditta?	wissen
Cosa La **attrae** maggiormente di questo posto?	anziehen
Cosa **significa** per Lei questo posto di lavoro?	bedeuten
Cosa La **motiva** in un lavoro?	motivieren
Perché vuole lavorare in questa **ditta**?	Firma
Perché ha mandato la Sua candidatura per questo **posto di lavoro?**	Arbeitsplatz, Arbeitsstelle
Perché ha **scelto noi**?	sich für uns entscheiden
Quali sono le Sue **aspettative di guadagno**?	Gehaltsvorstellungen

4.3. Parlare della propria formazione ed esperienza lavorativa/professionale – Über Ausbildung und Berufserfahrung sprechen

Quali erano le Sue **materie preferite** a scuola?	Lieblingsfächer
Quali sono stati i motivi per cui ha scelto / **ha abbandonato** i suoi **studi**?	Studien(fächer) / abbrechen

Quali	**esperienze** ha in relazione a questo lavoro?		Erfahrung
	corsi o seminari **ha seguito** / **frequentato** in quest'ultimo anno?		teilnehmen besuchen
Che **conoscenze**	**informatiche** **di informatica**	ha?	Computerkenntnisse Computerkenntnisse
Cosa ha studiato?			Was haben Sie studiert?
Come **ha**	**avuto** **trovato**	la Sua ultima occupazione?	bekommen finden
Perché	è rimasto tanto tempo nello **stesso** posto? ha deciso di **cambiare?**		derselbe wechseln
In quale ambito pensa che avrebbe bisogno di	**perfezionarsi/perfezionare le Sue competenze?** un corso di **aggiornamento specializzato?**		sich fortbilden berufliche Weiterbildung

4.4. Dare informazioni personali – Persönliche Auskünfte geben

Come si **descriverebbe**?	beschreiben
Si definisca con tre **aggettivi che La qualificano**.	charakterisierende Adjektive
Quali sono i suoi **hobbies**? Che sport pratica?	Hobbies

Il candidato:

Penso di essere Dicono che io sia	una persona	**dinamica**.	dynamisch
		intraprendente.	eigenmotiviert
		molto energica.	energisch
		flessibile.	anpassungsfähig, flexibel
		con i piedi per terra.	mit beiden Beinen auf der Erde stehen
		concreta.	mit beiden Beinen auf der Erde stehen
		sincera.	aufrichtig, ehrlich
		affabile.	umgänglich, freundlich
		socievole.	umgänglich, gesellig

4.5. Rispondere a domande difficili – Schwierige Fragen beantworten

Quali sono	i Suoi	**punti**	**forti**.	Stärken
			deboli.	Schwächen
		difetti.		Schwächen
	le Sue **competenze?**			Kompetenzen

Beh, a volte sono un po' **impulsivo**.	impulsiv
un **perfezionista**.	perfektionistisch
voglio fare diverse cose **in una volta**.	gleichzeitig
la mia cattiva **memoria per i nomi** mi mette a disagio.	Namensgedächtnis
Beh, penso di lavorare bene **in** **team**	im Team
gruppo.	in der Gruppe
essere una persona **responsabile**.	verantwortungsbewusst sein
solidale.	solidarisch sein
pronta ad aiutare.	hilfsbereit sein
Perché dovrei **assumerLa**?	einstellen
Dove si vede tra cinque anni?	Wo wären Sie gerne (beruflich)?
Beh, in questi cinque anni spero di **qualificarmi**.	sich bewähren
imparare tanto.	lernen
assumere nuove **responsabilità**.	Verantwortung übernehmen
dimostrare di **avere la stoffa** per lavorare in una ditta di queste dimensioni.	das Zeug zu etw. haben

4.6. Fornire informazioni sulla ditta – Auskünfte über die Firma geben

Siamo un'impresa **di medie proporzioni**.	mittelständisch
familiare.	in Familienbesitz
grande.	groß
leader.	führend
La nostra **centrale** si trova a Sesto San Giovanni.	Zentrale
fabbrica	Fabrik
filiale	Filiale
succursale	Zweigstelle
Il nostro **stabilimento**	Gebäude, Anlage, Werk
La nostra **sede** è a Conegliano.	Firmensitz
Siamo **specializzati** nella produzione delle lampadine.	spezialisiert
distribuzione di merce.	Warenverteilung
nell'**assistenza ai clienti**.	Kundendienst
La nostra impresa **è stata fondata** nel 1953.	gründen
si è **costituita**	aufbauen, erbauen
ingrandita molto negli ultimi cinque anni.	expandieren
espansa	expandieren

4.7. Fare domande al datore di lavoro – Fragen an den Arbeitgeber stellen

Mi piacerebbe avere più informazioni	sulla	mia **retribuzione iniziale**.	Einstiegsgehalt
		flessibilità dell'orario di lavoro.	gleitende Arbeitszeit
	sul	mio **orario di lavoro**.	Arbeitszeiten
		lavoro a turno.	Schichtarbeit
	sulle	**contribuzioni sociali supplementari**.	freiwillige Sozialleistungen
		prestazioni speciali.	Sonderleistungen
	sull'**indennità di ferie**.		Urlaubsgeld

Potrei lavorare **a tempo**	**parziale?**	in Teilzeit
	pieno?	in Vollzeit

Quali sono le	**opportunità di aggiornamento?**	Möglichkeiten beruflicher Fortbildung
	prospettive di carriera?	Laufbahnpläne

4.8. Concludere il colloquio di lavoro – Die Unterhaltung beenden

Il datore di lavoro:

C'è	**qualcos'altro** che vorrebbe sapere?	noch etwas
	un altro **tema** di cui vorrebbe parlare?	Thema

Ha altre **domande?**	Fragen

Il candidato:

Quando	mi **contatterete**?	kontaktieren
	potrei **iniziare?**	anfangen
	riceverò una risposta?	Antwort erhalten

Posso	avere il Suo **biglietto da visita** per poter contattarLa senza problemi?	Visitenkarte
	contattarvi se non **ricevo alcuna risposta** entro un determinato periodo di tempo?	Antwort erhalten

Come	**restiamo**	**in contatto** dopo il colloquio?	in Kontakt bleiben
	possiamo **mantenerci**		

Qual è lo stadio successivo della **procedura di selezione**?	Auswahlverfahren
Quali sono i **passi successivi?**	nächste Schritte

La vorrei ringraziare	dell'**opportunità** che mi ha concesso.	Möglichkeit
	per avermi **dedicato il tempo** necessario al colloquio.	Zeit widmen

Questo è tutto. Spero che adesso abbiate qualche informazione in più sul tema dei bambini disagiati. Ci sono domande?

Sì, potrebbe dirci qualcosa in più sulle iniziative umanitarie che si occupano di dare ai bambini in difficoltà l'aiuto adeguato?

Volete che vi dia un esempio concreto?

Sì, per favore.

Un esempio è la fondazione "Mission Bambini". Si tratta di un progetto il cui fine è dare ai bambini in difficoltà una prospettiva per il futuro.

Deve essere molto difficile, no?

È sicuramente difficile. Il fine della fondazione "Mission Bambini" è offrire ai bambini cibo, istruzione, e supporto professionale in caso di abusi e violenze.

Chi finanzia questo progetto?

...

Ricorda che è importante strutturare bene la tua presentazione e sottolineare i diversi aspetti in modo che gli ascoltatori ti possano seguire facilmente. Specialmente, metti ben in chiaro sin dall'inizio quando il tuo pubblico può fare delle domande.

5.1 Definire il tema – Das Thema definieren

Oggi	**tratterò** **presenterò** **analizzerò** farò una **presentazione in powerpoint** su	un problema attuale: la criminalità infantile.	behandeln darstellen analysieren eine Powerpoint-Präsentation zeigen
La mia presentazione	**riguarda** il **ha come tema** il **presenta il tema** del	restauro delle opere di Antonello da Messina.	sich drehen um zum Thema haben darstellen

5.2. Spiegare la struttura della presentazione – Den Aufbau des Referats erläutern

La mia presentazione	**si** **divide in** **si** **compone di** **consta di**	tre parti.	bestehen aus bestehen aus bestehen aus

5.3. Sottolineare i diversi aspetti di un tema – Die verschiedenen Aspekte markieren

Innanzitutto **Inizialmente** **Per primo** **In seguito** **Dopo** **Quindi** **Alla fine** **Infine**	parlerò delle statistiche in questione. tratterò il tema dell'impresa familiare di successo del Nord-Est. proverò a spiegare le cause di questa situazione. parlerò delle varie associazioni che tentano di aiutare i terremotati del basso Lazio. presenterò dei pronostici per il futuro.	erstens, zuerst zuerst als erstes dann, anschließend dann, danach dann, danach schließlich, zum Schluss abschließend

Ciò Questo Questo punto	mi collega	al punto **seguente**. a un'altra **parte** / **sezione** della mia presentazione. a uno dei **punti chiave** della mia presentazione. a vari **esempi** concreti.	folgende(r) Teil Teil Hauptpunkte Beispiele

5.4. Utilizzare strumenti visivi – Visuelle Medien verwenden

Questa	**carta geografica** mostra i confini di Roma.		Karte
	tabella ci permette di mettere a confronto i dati degli ultimi dieci anni.		Tabelle
	vignetta mostra un altro aspetto del problema demografico in Italia.		Karikatur
	statistica	rivela una tendenza ben chiara.	Statistik
	tabella		Tabelle
Questo	**disegno**	mostra il centro di Napoli.	Zeichnung
	diagramma	faciliterà la comprensione.	Diagramm
	grafico		Kurve, Graph

È chiaro	che si tratta di una tendenza abbastanza forte.	Es ist offensichtlich …
Vediamo		Man sieht …
Si può **concludere**		schließen, schlussfolgern

5.5. Riferirsi ad un aspetto già menzionato – Auf einen Aspekt zurückkommen

Come ho già detto,	l'emigrazione verso l'Italia continua.	Wie bereits gesagt …
Vorrei **ritornare al fatto** che		auf die Tatsache zurückverweisen

5.6. Dare informazioni su problemi organizzativi e tecnici – Probleme mit der Zeiteinteilung oder der Technik ansprechen

Potete sentirmi bene?	Abbiamo dei problemi con il **microfono**.	Mikrofon
	Proverò a parlare **ad alta voce**.	laut

Non abbiamo più tempo,	per questo	**terminerò** qui	aufhören
		passerò direttamente all'ultimo **punto**.	Punkt
	anche se ci restano diversi aspetti da **chiarire**.		klarstellen
	purtroppo.		bedauerlicherweise
	mi dispiace molto.		bedauern, leid tun

5.7. Invitare il pubblico a porre domande – Die Zuhörer einladen, Fragen zu stellen

Non esitate a	porre	domande.	nicht zögern
	fare		
	interrompermi.		unterbrechen
	alzare la mano se avete delle domande.		aufzeigen, die Hand heben

Vi prego di	fare domande	**in qualsiasi momento**.	jederzeit
		alla fine della mia presentazione.	am Ende
	non **esitare a** porre domande.		zurückhalten
	riservare le vostre domande alla fine della presentazione.		aufsparen

5.8. Concludere la presentazione – Den Vortrag abschließen

Concludo dicendo		che si tratta di un tema molto complesso.	Abschließend möchte ich sagen …
Si è qui / **È stato**	**dimostrato**		Es hat sich gezeigt …

Bene,	siamo già arrivati alla **fine** della	mia **presentazione**.		Ende
	qui termina la			Präsentation
	con questo la		è **completa**.	vollständig

5.9. Ringraziare il pubblico – Sich bei den Zuhörern bedanken

Grazie mille per	la vostra **attenzione**.	Aufmerksamkeit
	aver **prestato ascolto**.	Gehör schenken

6 | **Partecipare ad un dibattito** – An einer Diskussion teilnehmen

Cosa ne pensate della legalizzazione della cannabis?

Beh, secondo me dovrebbero legalizzarla.

Perché lo pensi?

La legalizzazione ridurrebbe il numero di crimini oggi collegati alla cannabis.

Io non sono d'accordo con quest'idea. Se si legalizzasse la cannabis molta gente chiederebbe la legalizzazione di altri tipi di droghe.

A quali altri tipi di droghe ti riferisci?

Droghe più pericolose, come per esempio, la cocaina o l'estasi.

La cannabis è una cosa completamente differente. Non mi sembra più pericolosa dell'alcol, che tutti consumiamo tranquillamente.

...

6.1 Dare la propria opinione – Seine Meinung äußern

Ti dirò,	è	necessaria una riforma del sistema penale.	Ich sag' dir eins …
Secondo me,			Meiner Meinung nach …
Secondo il mio punto di vista,			Meiner Ansicht nach …
Secondo la mia opinione,			Meiner Meinung nach …
Ragionando a mente fredda,			streng sachlich betrachten
Penso	che sia		denken
Mi sembra			Mir scheint …

Penso	che si debba agire **quanto prima**.	möglichst bald
Credo		glauben
Ritengo		meinen
Sono dell'opinione		der Meinung sein
Valuto		schätzen

Non credo che sia così difficile. — nicht glauben

> Con i verbi come *credere*, *pensare*, *ritenere* si usa sempre il congiuntivo.

In	**primo**	**luogo,**	abbiamo bisogno di più insegnanti.	erstens
	secondo		bisogna costruire nuove scuole.	zweitens
	terzo		è importante che le classi siano più piccole.	drittens

Questa crisi	ha **diverse**	conseguenze spiacevoli.	mehrere
	ha **un sacco di**		einen Haufen
	ha **infinite**		eine Unmenge
	porta con sé		mit sich bringen
	si risolve in		führen zu

Per	**risolvere**	questo problema bisogna ricorrere a rimedi drastici.	lösen
	confrontarsi con		sich stellen
	eliminare		beenden

> *Also* all'inizio di una frase e nel senso di *daher* si traduce con *per questo/per ciò*. In questo caso non si può utilizzare *allora*.

6.2. Scambio di opinioni – Meinungsaustausch

Cosa **ne pensa di**	questo argomento?	meinen
Qual è la Sua **opinione su**	questo tema?	Meinung
Qual è la Sua **posizione riguardo** a questa situazione?		Haltung gegenüber

Condivide la nostra opinione?	Sind Sie unserer Meinung? Teilen Sie unsere Meinung?
È d'accordo?	Sind Sie einverstanden?
Avete | **assolutamente ragione.** / **tutta la ragione del mondo.**	Sie haben völlig recht. Sie haben hundertprozentig recht.
Io **condivido** | **completamente** / **assolutamente** / **parte di** | queste idee.	etw. ganz teilen etw. ganz teilen etw. teilweise teilen
Non sono | **completamente** / **del tutto** | d'accordo con voi.	nicht völlig nicht ganz
Non condividiamo | **del tutto** / **in assoluto** | queste idee.	nicht ganz teilen überhaupt nicht teilen
Assolutamente! **Esatto,** **Esattamente,** **Proprio così,** **Sì, certo.** **Ovviamente,** **Certamente,** **Sì,** | **però** / **ma** **In realtà** | Bisogna / bisogna | agire **quanto prima**.	Das kann man wohl sagen. genau genau Das stimmt, so ist es. Ja, das stimmt. möglichst bald. natürlich sicherlich ja, aber ja, aber in Wirklichkeit
Ma va! No, | **non è vero.** / **non è così.** **Non se ne parla!** **Per niente!** **In nessun caso!** **Come, scusa?** **E allora?** **E anche se fosse così?** **Ad ogni modo,** | Il problema sussiste. / Bisogna cambiare qualcosa. / Hai / hai | un'idea migliore?	Davon kann gar keine Rede sein. nicht stimmen nicht so sein Keineswegs. Keinesfalls. Auf (gar) keinen Fall. Wie bitte? *(ironisch)* Na und? Na und wenn schon. Wie dem auch sei, …; Jedenfalls …
Per | **spiegare** / **giustificare** / **difendere** | la tua | idea / tesi, / posizione | hai **addotto** due argomenti.	erklären rechtfertigen verteidigen anführen

Questo tema	è abbastanza **complesso**.	kompliziert
	ha molte **sfaccettature**.	Einzelaspekte
	è **vasto**.	sehr umfangreich sein
	è **curioso**.	merkwürdig
	è **controverso**.	umstritten
	è abbastanza **spinoso**.	haarig
	è molto **scontato**.	abgedroschen
Questo argomento	(non) è **convincente**.	überzeugend
	(non) è **forte**.	stark
	mi sembra **inconfutabile**.	nicht zu widerlegen
	mi sembra **solido**	stichhaltig
	mi sembra **debole**.	schwach
	non mi convince del tutto.	... überzeugt mich nicht ganz.
	è **incomprensibile**.	unverständlich
La questione	**non mi interessa**.	... ist mir egal.
	mi è indifferente.	... ist mir gleichgültig.
	non ci tocca.	... kümmert uns nicht.
	non mi interessa affatto.	... ist mir völlig egal.

6.3. Ribadire le proprie idee e spiegare i propri argomenti – Deine Ideen unterstreichen und deine Argumente erläutern

Si tratta di	un aspetto **significativo**,	che tutti conosciamo.	bedeutsam
	un **grande problema**,		großes Problem
	un **grave problema**,		ernstes/schwerwiegendes Problem
	un **problema enorme**,		Riesenproblem
	un **rischio** molto grande,		Risiko
	un **rischio** **incalcolabile**,		unberechenbar

A dir la verità,	questo non mi sembra giusto.	offen gesagt, eigentlich
Parlando con franchezza,		offen gesagt

È **indispensabile**	trovare una soluzione. / arrivare ad un accordo.	unumgänglich
Mi sembra **assolutamente necessario**		absolut notwendig
È **d'obbligo**		dringend erforderlich

Sono **sicuro** che troveremo una buona **alternativa**. — sicher; Alternative

Abbiamo bisogno	**urgentemente**	di un cambiamento nel mondo della politica.	dringend
	al più presto		sofort

Ehi,	**te lo**	**garantisco!**	garantieren
		assicuro!	versichern
		giuro!	schwören
	a questo non ci credi neanche tu!		… das glaubst du doch selber nicht!
	ma nemmeno per sogno!		… das kommt nicht in Frage/nicht mal im Traum.
	questo non me lo posso proprio immaginare!		… das kann ich mir nicht vorstellen.
	non essere così prolisso!		… sei nicht so weitschweifig!
	chiudi il becco!		… halt den Rand!
	smettila di dire stupidaggini!		… spinn nicht rum!
	non essere stupido!		… hör auf mit dem Quatsch!
	non fare lo	**stupido!**	… stell' dich nicht blöd!
		scemo!	… stell' dich nicht blöd!
	non fare l'offeso!		… guck' nicht so beleidigt!

> Nel linguaggio parlato è molto frequente l'uso di espressioni come: *è che… ciò che… quello che…* per introdurre aspetti significativi.

Quello	**che importa**	è rispettare	l'iniziativa privata.	Worauf es ankommt …
L'unica cosa		è imparare a rispettare		Das Einzige, worauf es ankommt …

6.4. Risolvere problemi di comunicazione – Verständigungsprobleme lösen

Non mi fraintendere,	non parlo di tasse o di finanza in generale.	Versteh' mich nicht falsch …
Non intendo dire questo,		Das meine ich nicht …/Das will ich damit nicht sagen …
È un fraintendimento,		Missverständnis

Mi spiego?	Non critico la polizia.	Drücke ich mich klar aus?
Lo capisci?		Verstehst du?
Vedi (adesso)?		Siehst du (jetzt)?
Ripeto:		Ich wiederhole: …

Una domanda, cosa	**intendi dire con**	*idiosincrasia*?	mit etw. sagen wollen
	significa		bedeuten

Puoi	**darci**	**un esempio**?	Beispiel geben
	spiegare	la tua idea?	erklären
	parlare	in modo un po' più **concreto?**	konkret
	definire	la parola *urbanesimo*?	definieren

6.5. Cambiare tema – Das Thema wechseln

Adesso **cambiamo tema**.	das Thema wechseln
Adesso parliamo di un tema meno **controverso**.	umstritten
Adesso **lasciamo** questo tema.	(sein) lassen
Adesso **mettiamo da parte** questo tema.	zurückstellen
Adesso **terminiamo qui**.	Schluss machen
Adesso **mettiamo un punto**.	beenden, Schluss machen
Terminiamo questo dibattito, non c'è più niente da aggiungere.	Lass(t) uns … beenden.
Lasciamo questo dibattito, non c'è più niente da aggiungere.	Lassen wir … sein.
Mettiamo fine a questo dibattito, non c'è più niente da aggiungere.	Machen wir Schluss mit …
Continuo a credere che questa idea sia assurda.	weiterhin meinen
Continuo a pensare che questa idea sia assurda.	weiterhin denken
Continuo ad essere convinto/-a che questa idea è assurda.	weiterhin überzeugt sein
Continuo ad essere sicuro/-a che questa idea è assurda.	sich weiterhin sicher sein
Concludendo, (non) **abbiamo cambiato opinione**.	die Meinung ändern
Concludendo, (non) **abbiamo trovato un accordo**.	sich einigen
E non ho più niente da dire.	Ich habe nichts weiter zu sagen.
E non c'è più niente da dire.	Mehr gibt es dazu nicht zu sagen.
E non se ne parli più!	Und damit basta!

7 | **Condurre un dibattito** – Eine Diskussion leiten

Oggi parleremo del divieto di utilizzare il cellulare a scuola. Chi è a favore?

Io.

Allora, Alessandro, vuoi dirci le tue ragioni?

L'uso del cellulare in classe è assolutamente inaccettabile. Cosa dovrebbero imparare gli alunni con il cellulare in mano? Niente!

E gli altri, cosa pensano?

Io non sono d'accordo con Alessandro. È vero che l'uso del cellulare in classe è inammissibile, però quello che dici è una generalizzazione, Alessandro.

Perché la pensi così, Elisa?

Il cellulare è molto utile in caso di emergenza. Inoltre, con il cellulare gli alunni possono contattare facilmente i genitori quando ne hanno bisogno.

...

7.1. Iniziare un dibattito – Die Diskussion in Gang setzen

Bene, **iniziamo** il nostro dibattito quotidiano.	lass(t) uns anfangen
Il tema di cui parleremo è molto **ampio**.	weit
Il tema di cui parleremo è **complesso**.	kompliziert
Il tema di cui parleremo è **sfaccettato**.	vielschichtig
Il tema di cui parleremo è **controverso**.	umstritten
Il tema di cui parleremo ha **suscitato** numerose **controversie**.	für Auseinandersetzungen sorgen
Il tema di cui parleremo è un tema molto **attuale**.	aktuell
Il tema di cui parleremo è un tema abbastanza **spinoso**.	haarig
Il tema di cui parleremo è un tema **delicato**.	heikel
Il tema di cui parleremo è un tema **sensibile**.	sensibel
Il tema di cui parleremo è un tema **molto inquietante**.	beunruhigend
Il nostro **punto di partenza** è la possibilità della legalizzazione della marijuana.	Ausgangspunkt
Il nostro **punto di partenza** è l'attuale **crisi economica**.	Wirtschaftskrise
Il nostro **punto di partenza** è la **questione** della riforma fiscale.	Fragestellung, Problem
Il nostro **punto di partenza** è il **seguente**: il turismo è una delle maggiori fonti economiche per l'Italia.	folgend
Dovremmo **tener ben presente** la definizione del nostro tema.	sich im Klaren sein über

7.2. Continuare il dibattito – Die Diskussion fortführen

Ci sono **alternative?**	Alternativen
Ci sono **conclusioni** da trarre?	Schlussfolgerungen
Ci sono **possibili soluzioni?**	Lösungsmöglichkeiten/mögliche Lösungen
Ci sono altre **opzioni?**	Wahlmöglichkeiten
Ci sono **argomenti contro?**	Gegenargumente
Ci sono **obiezioni?**	Einwände
Ci sono opinioni **divergenti**?	abweichend
Ci sono altri **punti di vista?**	Standpunkte
Paolo, vuoi **prendere** la parola?	ergreifen
Paolo, vuoi **rispondere** a quello che ha detto Anna?	antworten
Paolo, vuoi **aggiungere** qualcosa?	hinzufügen
Paolo, vuoi **contribuire con** qualche nuova idea?	beisteuern
Paolo, vuoi **spiegare** la tua opinione?	erklären
Paolo, vuoi **esporre** il tuo punto di vista?	darstellen
Paolo, vuoi dirci cosa pensi tu di questa **faccenda**?	Angelegenheit
Paolo, vuoi dirci cosa pensi tu di questa **questione**?	Frage, Problem
Paolo, vuoi dirci cosa pensi tu di questo **affare**?	Angelegenheit
Paolo, vuoi **riassumere** le tue idee?	zusammenfassen

Martina,	**ti viene in mente** un altro argomento?	einfallen
	vedi **le cose** come gli altri?	die Dinge
	cosa diresti tu **a questo proposito?**	im Hinblick darauf
	vorresti **farci un esempio**?	Beispiel geben
	puoi **illustrarci** i tuoi argomenti con esempi concreti?	veranschaulichen
	puoi **concretizzare** le tue idee?	konkretisieren

7.3. Invitare i partecipanti a contribuire al dibattito con nuove idee – Die Diskusionsteilnehmer ermuntern, Beiträge zu leisten

Condividiamo tutti questa	opinione?	teilen
Siamo tutti della stessa	opinione?	teilen

Ci sono	altri **aspetti?**	Gesichtspunkte
	vantaggi?	Vorteile
	svantaggi?	Nachteile

Possiamo	**continuare con** un altro aspetto?	weitermachen mit
	approfondire questo tema?	vertiefen
	cambiare tema?	wechseln

Chi	**è** d'accordo?	zustimmen
	vuole **contraddire questa tesi?**	widersprechen
	la pensa **in un altro modo?**	unterschiedlich
	è d'accordo e chi no?	einverstanden sein
	condivide questa **posizione**?	Einstellung, Meinung
	vuole **aggiungere** un altro argomento?	hinzufügen
	ha dei dubbi al riguardo?	Zweifel haben

7.4. Evitare che i partecipanti vadano fuori tema – Verhindern, dass die Diskussionsteilnehmer vom Thema abkommen

Dovremmo	**limitarci all'**aspetto più importante.	bleiben bei
	concentrarci sull'essenziale.	sich konzentrieren auf
	tralasciare i dettagli non **pertinenti al** tema.	gehören zu
	tralasciare **gli aspetti secondari.**	das Nebensächliche
	andare al sodo.	zur Sache kommen
	trattare **l'aspetto principale**.	Hauptsache

Il tema di questo dibattito	**non**	**ha niente a che vedere** con gli Stati Uniti.	nichts zu tun haben
		è la Camorra, **ma** la mafia in Basilicata.	sondern

Questo non c'entra.	Das gehört nicht zur Sache.
Non è questo il punto.	Das ist nicht der Punkt.
Questa è **una cosa a parte**.	eine Sache für sich
Mi sembra che adesso **non sia il caso** di parlare di ciò.	nicht hierher passen, nicht angebracht sein
Mi sembra che adesso **non sia il caso** di **affrontare** questo punto.	anschneiden, angehen

7.5. Evitare polemiche – Polemik vermeiden

Evitiamo **esagerazioni**.	Übertreibungen
Evitiamo false **generalizzazioni**.	Verallgemeinerungen
Evitiamo **superficialità**.	Oberflächlichkeiten
Evitiamo di trarre **conclusioni**	Schlussfolgerungen
premature.	voreilig
affrettate.	überstürzt
Evitiamo **frasi fatte**.	nichtssagende Floskeln
Evitiamo **insinuazioni**.	Unterstellungen
Evitiamo **luoghi comuni**.	Allgemeinplätze
Evitiamo **stereotipi**.	Klischees
Evitiamo **accuse**.	Anklagen
Evitiamo **monologhi**.	Monologe
Evitiamo una visione **unilaterale** dell'argomento.	einseitig
Non **deviare** dal tema, per favore.	abweichen
Non **drammatizziamo** la situazione.	dramatisieren
Non **generalizziamo**.	pauschalisieren
Non parliamo delle **eccezioni**, ma della regola.	Ausnahmen
Non parliamo in modo così **astratto**.	abstrakt
Non parliamo in modo **speculativo**.	spekulativ
Non siamo **ipercritici** riguardo al Carnevale di Ivrea.	übertrieben kritisch
Non **interrompete**, per favore.	unterbrechen

7.6. Dare informazioni sul tempo a disposizione e riassumere i risultati del dibattito – Die Zeit einteilen und die Diskussionsergebnisse zusammenfassen

Mi dispiace, però **sta finendo** il nostro tempo a disposizione.	ausgehen
Mi dispiace, però non ci **resta** molto tempo.	übrigbleiben
Mi dispiace, però **si sta avvicinando** la fine del nostro dibattito.	sich nähern
Mi dispiace, però dobbiamo **terminare** qui.	aufhören
Mi dispiace, però restano **appena** due minuti.	kaum
Mi dispiace, però il tempo è **esaurito**.	ausgeschöpft
Il tempo è trascorso molto **rapidamente**.	schnell
Il tempo è trascorso **in un batter d'occhio**.	im Nu

Allora, possiamo dire che	abbiamo **raggiunto un accordo**.	sich einigen
	è valsa la pena (di) condurre questo dibattito.	sich lohnen
	questo dibattito ha **portato alla luce** grandi differenze di opinione.	enthüllen
	adesso **conosciamo** meglio le differenti posizioni.	kennen

Vi sembra che abbia fatto un riassunto	**adeguato?**	angemessen
	corretto?	fair
	obiettivo?	objektiv
	completo?	vollständig

Evidentemente,	non abbiamo menzionato tutti gli aspetti.	offensichtlich
	non **siamo arrivati** ad una posizione unanime riguardo al tema.	Übereinstimmung erzielen
	c'è una grande **varietà di opinioni** al riguardo.	Meinungsvielfalt

Kannst du mir helfen? Ich verstehe diesen Text nicht.

Worum geht's?

Um das Fitnessangebot des Hotels, für das ich mich interessiere. Das hier verstehe ich nicht.

Zeig' her. Ich hoffe, meine Italienischkenntnisse reichen aus.

Du warst doch immer die Musterschülerin …

Also gut, mal sehen: „Se lo desidera mettiamo a Sua disposizione un allenatore personale che La assisterà nell'esecuzione degli esercizi e ottimizzerà il Suo allenamento".

Wirst du daraus schlau?

…

La mediazione non è un tipo di traduzione. Invece di riprodurre il testo parola per parola, devi usare parole tue e selezionare le informazioni rilevanti. Per esempio, la seguente frase: *"Scusami se sono in ritardo, non sono potuto arrivare prima. Ti prometto che la prossima volta sarò puntuale."* può essere mediata nel seguente modo: *ha chiesto scusa per essere arrivato in ritardo.*

8.1. Chiedere aiuto – Um Hilfe bitten

Potrebbe	aiutarmi?	Könnten Sie …
	farmi un favore?	einen Gefallen tun
	spiegarmi questa frase?	erklären
	tradurre queste parole?	übersetzen
Come si dice Schnitzel in italiano?		Was heißt/Wie sagt man
Scusi, che cosa	**significa** *allusione*?	bedeuten
	vuol dire *inconcepibile*?	sagen wollen
Esiste un'**espressione idiomatica** in italiano per *im Dunkeln tappen*?		Redewendung

8.2. Offrire aiuto – Hilfe anbieten

Se non capisce qualcosa, domandi pure,	l'italiano è la mia **lingua**	**madre**.	Muttersprache
		materna.	Muttersprache
	sono **madrelingua**.		Muttersprachler/in

8.3. Risolvere problemi di comprensione – Verständnisprobleme lösen

Può	**ripetere** questa frase?		wiederholen
	spiegare quello che ha detto?		erklären
	parlare un po' **più lentamente**?		langsamer
Quello che	vuole **dire** è che ha perso il suo passaporto.		sagen
	è scritto	qui è che l'entrata costa dai 15 euro in su.	(was geschrieben) steht
	si legge		was man lesen kann

8.4. Riportare quello che ha detto una terza persona – Das mitteilen, was jemand anders gesagt hat

Filippo	**accetta** le nostre idee.	akzeptieren
	ha **chiarito** la sua posizione al riguardo.	klären
	appoggerà il nostro piano.	unterstützen
	sa **apprezzare** il nostro aiuto.	würdigen, schätzen
	approva il piano.	billigen
	condivide la nostra opinione.	teilen
	coopererà con noi.	zusammenarbeiten
	si è mostrato molto **cooperativo**.	kooperativ
	è a favore dei nostri piani.	befürworten
	favorisce il nostro progetto.	bevorzugen, favorisieren
	ha **menzionato** vari dettagli interessanti.	erwähnen
	offre il suo aiuto.	anbieten
	tollera la tua opinione.	hinnehmen, tolerieren
Marco	mi ha **avvertito** che questa impresa non sarà facile.	warnend hinweisen
	mi ha **contraddetto**.	widersprechen
	critica le nostre intenzioni.	kritisieren
	dubita di poterci aiutare.	bezweifeln
	dice che la strategia gli sembra abbastanza **dubbiosa**.	zweifelhaft
	è **a sfavore di** questa' iniziativa.	dagegen sein
	è **contro** questa' iniziativa.	dagegen sein
	non è d'accordo con noi.	nicht einverstanden sein
	non è in linea con le nostre idee.	eher ablehnend gegenüberstehen
	si rifiuta di credere che posso realizzare il progetto.	sich weigern
	si ostina a contraddirmi.	sich versteifen
	si è opposto alle nostre argomentazioni.	widersetzen
	ha **richiesto** più dati.	bitten um
	ha detto che il piano non gli sembra **attuabile**.	durchführbar, praktikabel
	ha **protestato** per il trattamento che ha ricevuto.	protestieren
	si è lamentato di te.	sich beschweren
	rifiuta le nostre idee.	ablehnen
	ha provato a **confutare** i nostri argomenti.	widerlegen
	ha ripensamenti.	Bedenken haben
	teme che ormai sia tardi per progetti di questo tipo.	argwöhnen, befürchten
	suppone che ci siano alternative migliori.	vermuten

8.5. Parafrasare e riassumere – Umschreiben und zusammenfassen

In altre parole,	c'è un incremento di stipendio del 2 per cento per gli insegnanti.	mit andern Worten
Detto in un altro modo,		anders ausgedrückt
Detto in un'altra maniera,		anders ausgedrückt
In poche parole,	il governo appoggia questo progetto di legge.	kurz gesagt
In altre parole,		mit anderen Worten
Riassumendo,		zusammenfassend gesagt
In breve,		kurz gesagt

Ciao Raffaella, come stai?

Molto bene, e tu?

Anch'io sto bene. Ti sei già abituata alla vita scolastica italiana?

Sì, anche se a volte non è facile.

Ci sono problemi?

Beh... a lezione non capisco ancora tutto, soprattutto nell'ora di chimica.

Non mi sorprende! È molto difficile, inoltre il signor Paoli ha un accento così stretto...da far venire i brividi! E poi parla a voce molto bassa e... balbetta anche un po'...

"Far venire i brividi"? Che significa?

...

9.1. Preparazione – Vorbereitung

Buongiorno, Martina, / Buonasera, | **siediti,** prego.	setz' dich
Sei Giulia, **vero?**	…, nicht wahr?
Permettimi di **presentarti** la Sig.ra Winter.	vorstellen
Conosci | la mia **collega**, la Sig.ra Winter? / il mio **collega**, il Sig. Müller?	Kollegin Kollege
Ci piacerebbe **sapere qualcosa in più su** di te. Puoi **raccontarci** qualcosa su di te?	näher kennenlernen erzählen
Buongiorno, | **mi chiamo** Giulia Schneider. / **sono nata** a Monaco. / **ho** 16 **anni**.	heißen geboren sein … alt sein
Sai | in quale altro **Paese** si parla italiano? / quale altro Paese è **di lingua italiana**, oltre all'Italia?	Land italienischsprachig
Da quanto tempo **studi** l'italiano?	lernen
Perché | **hai scelto** / **ti sei decisa per** | l'italiano?	wählen sich entscheiden für
L'italiano non è una **lingua universale** ma è molto amato nel mondo.	Weltsprache
Inoltre, le lingue straniere | sono sempre state tra le mie materie **preferite**. / mi hanno sempre **interessato** molto.	bevorzugt interessieren
Quali sono le tue **materie** | **preferite?** / **principali?**	Lieblingsfächer Hauptfächer
Quali altre **lingue straniere** studi oltre all'italiano?	Fremdsprachen
Quali sono i tuoi **piani** per il futuro, dopo la maturità?	Pläne
Dopo la maturità | mi piacerebbe | **studiare** | **medicina.** / **biologia.** / **trascorrere** un anno all'estero.	Medizin Biologie verbringen
Prima di cominciare, | **hai qualche domanda?** / se hai qualche domanda, **non esitare a porla**.	Fragen haben ruhig/gerne Fragen stellen
Può | **ripetere la domanda?** / **spiegarmi** che significa *frangia*? / parlare **più lentamente**?	Frage wiederholen erklären langsamer

Non	**capisco** **riesco a comprendere**	la seconda parte della Sua domanda.	nicht verstehen nicht ganz verstehen
Prego,	**commenta** **confronta** **contrasta** **metti in** **rilievo** / **evidenzia** **spiega** **illustra**	i due argomenti principali.	kommentieren vergleichen gegenüberstellen herausstellen, hervorheben hervorheben erklären veranschaulichen
Adesso	ascolteremo quello che **hai da dire** sul tema, Peter. **tocca a te**.		zu sagen haben du bist dran
Prendi una di queste **schede-ruolo**.			Rollenkarten
Immagina di essere la persona descritta.			sich vorstellen
Adotta il suo **punto di vista**.			Perspektive einnehmen
Mettiti	**al suo posto**. **nei suoi panni**.		Versetz' dich in seine/ihre Lage. Versetz' dich in seine/ihre Lage.
Il mio **tema** è	il razzismo nei campi di calcio. una **citazione** di Umberto Eco.		Thema Zitat
Voglio parlare dei	quattro **punti principali**. **punti chiave**.		Hauptpunkte zentrale Punkte
Per iniziare	traccerò una **breve panoramica**. farò un **riassunto**.		kurzer Überblick, Zusammenfassung
Innanzitutto, **Dapprima,** **Per prima cosa,** **Per primo,** **In primo luogo,** **Poi,** **Dopo,** **In seguito,** **Infine,**	parlerò di…		zunächst zuerst als erstes zuerst, zunächst zuerst dann danach daraufhin schließlich, am Ende

9.2. Utilizzare fonti differenti – Unterschiedliche Quellen verwenden

9.2.1. Presentare un testo – Einen Text vorstellen

Quando si presenta un testo durante un esame orale è importante tenere ben distinte le risposte. Ogni fase deve essere ben differenziata e ben strutturata. Quando si riassume il testo non si devono riportare né le citazioni né le righe. Se invece si deve rispondere a domande specifiche, citazioni e righe di riferimento sono indispensabili. Quando si riassume un testo letterario si usa il presente. A volte gli studenti commettono l'errore di utilizzare i tempi del passato, parlando in retrospettiva di un racconto o un romanzo analizzati durante il corso.

Questo testo	è stato	**scritto da** Eugenio Scalfari.	schreiben
		pubblicato il 5 maggio del 2015.	veröffentlichen
	è	un **frammento** di un articolo.	Ausschnitt
		un **estratto** di un articolo.	Auszug
		la **prima parte**.	Anfangsteil
		un **articolo di apertura** pubblicato nella rivista Espresso.	Leitartikel
		una parte di un **reportage** su Lampedusa.	Reportage
		un testo **di narrativa**.	erzählerisch, Erzähl-
		un **passo di un romanzo**.	Romanauszug

Il mio compito è	**riassumere** il testo.	zusammenfassen
	fare un **riassunto del contenuto**.	Inhaltsangabe
	analizzare la **lingua** dell'autore.	Sprache
	analizzare il **linguaggio** dell'autore.	Sprachgebrauch
	spiegare il **punto di vista narrativo**.	Erzählerperspektive
	mettere a confronto questo testo con gli altri racconti che abbiamo letto.	vergleichen
	commentare l'opinione dell'autore.	kommentieren

L'articolo	**si compone di**	cinque parti.	bestehen aus
	consta di		bestehen aus
	si può **dividere in**		unterteilen in

L'autore si serve di	varie tecniche	per **offrirci**	**uno spaccato della realtà**.	wirklichkeitsgetreues Bild geben
	cinque **esempi di vita quotidiana**			Beispiele aus dem Alltagsleben
			un **quadro realistico** della situazione.	realistisches Bild

L'articolo contiene varie citazioni	presentate nel **discorso diretto**.	direkte Rede
	di testimoni oculari.	Augenzeugen
	che **supportano** l'analisi dell'autore.	unterstützen, belegen

L'articolo	**tratta il**	tema delle frodi in Internet.	behandeln
	parla del		berichten über
	si occupa del		sich beschäftigen mit

L'autore **comincia evidenziando** che la frode in Internet è un reato molto serio.	zunächst darauf hinweisen
All'inizio dell'articolo l'autore ci informa dei reati commessi attraverso i **social network**. / **i social**.	zu Beginn soziale Netzwerke soziale Netzwerke
Dopo, il giornalista presenta vari **dati statistici** al riguardo.	statistische Daten
Poi, seguono **esempi concreti**.	konkrete (Einzel-) Beispiele
In seguito, il giornalista cita parte di un'**intervista** fatta ad un noto esperto.	Interview
Nell'ultima parte, l'autore trae la sue **conclusione**.	Schlussfolgerung
Nell'ultimo paragrafo, l'autore azzarda un **pronostico** per il prossimo anno.	Prognose
Lo stile è **colloquiale**. / **complicato**. / **diretto**. / **formale**. / **nominale**. / **preciso e chiaro**. / **schietto**. / **vario**.	umgangssprachlich kompliziert direkt förmlich nominal *(charakterisiert durch die häufige Verwendung von Substantiven)* präzise und deutlich schlicht abwechslungsreich
L'autrice utilizza vari **mezzi stilistici**. / una **terminologia** molto accurata. / una **serie** di argomenti per sostenere la sua posizione. / due **accezioni** del termine casta. / quattro **principali fonti di informazione**.	Stilmittel Begrifflichkeit Reihe Bedeutungen Hauptinformationsquellen

9.2.2. Presentare materiali visivi: immagini e film – Bildmaterial vorstellen: Abbildungen und Filme

Si tratta di una **foto** / un **disegno** **in bianco e nero**. / una **caricatura**. / una **carta geografica** della regione Puglia.	Schwarzweißfoto Zeichnung Karikatur (geografische) Karte
Questa foto è stata probabilmente **fatta** a Vulcano. / **manipolata**. / **ritoccata**. / **mostra** Palazzo dei Normanni a Palermo.	machen fälschen retuschieren zeigen

In primo piano, **Sullo sfondo,** **Al centro,** **Nel mezzo,** **All'estrema sinistra,**	troviamo appaiono ci sono	edifici enormi. varie persone.	im Vordergrund im Hintergrund im Hintergrund in der Mitte ganz links, links außen

L'annuncio è	**di rilievo**. **qualcosa di speciale**. **ingegnoso**. **geniale**. **originale**. **abbastanza noto**. **sorprendente**. **scandaloso**. **scioccante**.	ins Auge springen etwas Besonderes einfallsreich einfallsreich, genial originell recht bekannt überraschend skandalös schockierend
La caricatura è	**disgustosa** e l'autore dovrebbe vergognarsi. **ottima**. **proprio riuscita**. **comica**. molto **divertente**. **poco originale**.	ekelhaft hervorragend wirklich gelungen lustig witzig wenig einfallsreich
Il vignettista	**allude ad** un fatto politico. **critica** la nuova legge. **esagera**. vuole **invitare ad una riflessione**.	anspielen auf kritisieren übertreiben einen Denkanstoß geben

La scena che ho appena visto è	parte di lo spezzone di	una **commedia**. un **video su YouTube**. un **lungometraggio**. un **cortometraggio**. un **film di azione**. un **documentario**. un **annuncio pubblicitario**.	Komödie Videoclip von YouTube Spielfilm Kurzfilm Actionfilm Dokumentarfilm Werbespot
Si può vedere	una **conversazione** un **dialogo** un **dibattito** un **litigio** una **discussione**	tra una madre e la figlia adolescente.	Unterhaltung Dialog Diskussion Streit Zusammenprall

Elio Germano **interpreta**	**il ruolo principale**. **un ruolo secondario**.	die Hauptrolle spielen eine Nebenrolle spielen
In questa scena, il **protagonista**	parla con sua sorella. **cammina** per la strada. **si incontra con** un amico.	Hauptheld gehen sich treffen mit

Si tratta di	uno **sguardo retrospettivo**. un **flashback**. un'**anticipazione**.	Rückblick Flashback Vorwegnahme
Qui vediamo Antonio da una **prospettiva**	**dal basso**. **a volo d'uccello**.	Froschperspektive Vogelperspektive
La camera da ripresa	**mette a fuoco** **centra** **segue** il protagonista.	fokussieren zentrieren folgen
Qui Pietro è visto	**dal basso**. **dall'alto**.	von unten von oben
La scena ha una **funzione chiave** in questo film.		Schlüsselfunktion
La videocamera	si **avvicina**. si **allontana**. fa un **movimento circolare**. **mette a fuoco** / **centra** le mani di Luigi. **segue** il protagonista.	sich nähern sich entfernen kreisförmige Bewegung fokussieren folgen
Gli **angoli** I **piani**	della macchina da ripresa sono molto importanti.	Kamerawinkel Einstellungsgrößen
L'angolo della macchina da ripresa è l'**angolo**	**basso**. **retto**. **alto**.	Untersicht Normalsicht Aufsicht

9.2.3. Presentare materiali visivi: diagrammi e curve – Bildmaterial vorstellen: Diagramme und Kurven

Questo **diagramma** è stato pubblicato nel quotidiano "La Repubblica" il 15 gennaio 2016.		Diagramm
Questo **grafico** a **linee** Questo **grafico** a **barre verticali** Questo **grafico** a **barre orizzontali** Questo **grafico** a **torta** Questo **grafico** **circolare** Questo **organigramma** Questo **diagramma ad albero**	mostra una tendenza molto chiara. documenta un processo allarmante.	Linien-, Kurvendiagramm Säulendiagramm Balkendiagramm Tortendiagramm Kreisdiagramm Flussdiagramm Baumdiagramm

Questo grafico mostra un	**considerevole**	aumento di produttività.	beachtlich
	costante		stetig
	graduale		allmählich, schrittweise
	lento		langsam
	rapido		schnell
	forte		scharf, stark
	leggero		leicht
	drammatico		dramatisch
	violento		gewaltig
	massivo		massiv

Questo diagramma è formato da	un **titolo**	Titel
	un **asse** verticale	Achse
	una **sequenza temporale**	Zeitskala
	una **legenda**	Legende
	una **barra**	Säule

Secondo il diagramma il numero dei turisti stranieri nelle Isole Eolie	è **salito**.	steigen
	è **sceso**.	fallen
	sta aumentando.	allmählich steigen

9.3. Realizzare giochi di ruolo – Rollenspiele machen

9.3.1. Come studente in cerca di lavoro – Als Student auf Arbeitssuche

Sei uno studente tedesco/una studentessa tedesca che vuole lavorare in un hotel a Rimini durante le vacanze estive.

La ringrazio molto per	l'**invito** a prendere parte a questo colloquio di lavoro.	Einladung
	avermi invitato a questo colloquio di lavoro.	eingeladen zu haben

Sono lieto	che Lei mi abbia invitato a questo colloquio.	sich freuen
Sono molto contento		sehr gefallen

Quest'offerta di lavoro	**ha richiamato la mia attenzione**	perché…	Aufmerksamkeit erregen
	ha destato il mio interesse		Interesse wecken
	mi sembra molto **allettante**		attraktiv

Ho già	**lavorato come** receptionist in una pensione tedesca.	arbeiten als
	esperienza nel settore alberghiero.	Erfahrung haben
Conosco già questo tipo di lavoro.		kennen

Lei non ha esperienza lavorativa in un hotel di queste **dimensioni,** vero?	Größenordnung

Non **sottovaluta** la differenza di livello che c'è tra una piccola pensione e un hotel internazionale a quattro stelle?	unterschätzen
È che mi piacerebbe **avere più esperienza** sul settore alberghiero.	mehr praktische Erfahrung sammeln
È che mi piacerebbe **saperne** di più.	darüber wissen
È sicuro che le Sue **conoscenze linguistiche** siano sufficienti?	Sprachkenntnisse
Beh, non parlo l'italiano perfettamente, però sono già stato in Italia più volte e conosco l'**italiano colloquiale**.	italienische Umgangssprache
Beh, non parlo l'italiano perfettamente, però **so difendermi**.	ausreichende Sprachkenntnisse haben
Beh, non parlo l'italiano perfettamente, però non credo che avrei veri **problemi di comunicazione**.	Verständigungsprobleme
Beh, non parlo l'italiano perfettamente, però farò tutto il necessario per **perfezionare** il mio italiano.	vervollkommnen
In più, ho **nozioni elementari di altre due lingue:** l'inglese e il francese.	Grundkenntnisse Sprachen

9.3.2. Come alunno in una scuola durante uno scambio scolastico – Als Austauschschüler an einer Schule

> Sei uno studente tedesco/una studentessa tedesca che trascorre sei mesi a Catania, in Sicilia. Vivi con una famiglia italiana. Durante la prima settimana del tuo soggiorno, conosci un nuovo compagno di classe, Carlo, che ti spiega alcune cose importanti sulla scuola con cui stai facendo lo scambio.

Carlo **frequenta il** liceo Alessandro Volta.	(Schule) besuchen
Carlo **va al** liceo Alessandro Volta.	(zur Schule) gehen
Carlo **è alunno del** liceo Alessandro Volta.	Schüler sein
La maggior parte degli alunni va a scuola **a piedi**.	zu Fuß
La maggior parte degli alunni va a scuola **in autobus**.	mit dem Bus
Il lunedì, alle otto e un quarto, Carlo ha **Italiano**.	Italienischunterricht
Il lunedì, alle otto e un quarto, Carlo ha **Matematica**.	Mathematik
Il lunedì, alle otto e un quarto, Carlo ha **Tecnica**.	Technikunterricht
Nel pomeriggio, gli alunni hanno **Educazione Fisica**.	Sportunterricht
Nel pomeriggio, gli alunni hanno **Scienze Sociali**.	Sozialwissenschaft

La scuola	dispone di	**attrezzature sportive** complete.	Sporteinrichtungen
		una **biblioteca** molto ampia.	Bibliothek
		vari **laboratori**.	Laboratorien
		una **mensa**.	Speisesaal, Mensa
		un'**Aula Magna**.	Aula
	si evidenzia per le **attività extracurriculari**.		außerunterrichtliche Aktivitäten

In base al regolamento del liceo, bisogna	essere **puntuali**.	pünktlich
	salutare quando si entra in classe.	grüßen
	aiutare i compagni di classe.	helfen
	riconoscere il lavoro ben fatto.	anerkennen
	alzare la mano per parlare in classe.	aufzeigen
	mantenere pulita la classe.	sauber halten
	mettere le sedie **sui** banchi prima di uscire.	hochstellen

10 | Dare un feedback – Feedback geben

La tua presentazione è stata un gran successo!

Davvero?

Sì, lo pensiamo tutti.

Sono felicissima di sentirlo.

Il problema di molte presentazioni è che la struttura è confusa, tu invece hai presentato tutto in maniera molto chiara.

Pensi che abbia menzionato tutti gli aspetti importanti?

Sì, mi sembra che adesso sappiamo tutto quello che c'è da sapere sulla criminalità infantile.

Sai bene che il problema è sempre cogliere l'essenziale e lasciare da parte i dettagli superflui.

...

10.1 Commenti positivi – Positive Kommentare

Molto bene! Ottimo!	Sehr gut!
Bravo!	Bravo!
Fantastico!	Fantastisch!
Meraviglioso!	Wunderbar!
Perfetto!	Perfekt!
Esatto!	Genau!
Eccellente!	Hervorragend!
Straordinario!	Außergewöhnlich!
Insuperabile!	Unübertrefflich!

La tua presentazione è	molto **informativa**.	informativ
	molto ben **strutturata**.	gegliedert
	molto **convincente**.	überzeugend
	molto **obiettiva**.	sachlich
	impressionante.	eindrucksvoll
	un gran **successo**.	Erfolg

Il vostro gioco di ruolo è stato	molto **autentico**.	echt
	molto **creativo**.	kreativ
	molto **ricco di idee**.	ideenreich
	molto **ben preparato**.	gut vorbereitet
	molto **convincente**.	überzeugend
	molto **divertente**.	unterhaltsam
	un **piacere**.	Vergnügen
	qualcosa di molto speciale.	etwas ganz Besonderes

La tua presentazione in powerpoint	è stata **breve e chiara**.	kurz und bündig
	ha catturato la nostra attenzione.	fesseln

10.2 Commenti negativi – Kritische Kommentare

Molto male!	Sehr schlecht!
Malissimo!	Äußerst schlecht!
Una perdita di tempo!	Zeitverschwendung!
Un disastro totale!	Ein totaler Reinfall!
Una catastrofe!	Eine Katastrophe!

La tua presentazione è stata	troppo **lunga**.	lang
	troppo **dettagliata**.	detailliert
	poco **chiara**.	klar
	difficilmente comprensibile.	schwer zu begreifen
	prolissa.	weitschweifig
	deludente.	enttäuschend

Gran parte della tua esposizione era	**strutturata** male.	gliedern
	basata solo su **congetture**.	Mutmaßungen

Non credo che	la tua analisi sia stata sufficientemente **profonda**.	tiefschürfend
	la tua analisi sia stata sufficientemente **esaustiva**.	umfassend
	tu abbia **raggiunto** i tuoi **obiettivi**.	Ziele erreichen
	tu stesso **abbia compreso** tutti gli aspetti del tema.	verstehen
	tu **sia riuscito a** destare l'interesse del pubblico.	schaffen zu
Il vostro gioco di ruolo è stato	molto **noioso**.	einfallslos
	poco **adeguato**.	angemessen
	poco **convincente**.	überzeugend
	poco **naturale**.	natürlich
	confuso.	konfus
	una **confusione totale**.	Durcheinander
Ti sei	**contraddetto** in modo eclatante.	sich widersprechen
	perso in dettagli superflui.	sich verlieren
	dimenticato di vari aspetti essenziali.	vergessen
	ripetuto varie volte.	wiederholen
Sei andato fuori tema.		Du bist vom Thema abgeschweift.

10.3. Proposte di miglioramento – Verbesserungsvorschläge

La prossima volta dovresti	**prepararti** meglio.	sich vorbereiten
	utilizzare **fonti informative** diverse.	Informationsquellen
	parlare **a voce più alta**.	lauter
	parlare **più chiaramente**.	deutlicher
	pronunciare le vocali più chiaramente.	die Vokale deutlicher aussprechen
	esprimerti con più precisione.	sich präziser ausdrücken
	usare più **citazioni**.	Zitate
	presentare le citazioni più importanti nel **discorso diretto**.	direkte Rede
	distribuire il tempo meglio di quanto hai fatto oggi.	einteilen
	osservare il tema **da un'altra prospettiva**.	aus einem anderen Blickwinkel betrachten
	menzionare **i vantaggi e gli svantaggi** del progetto.	Vor- und Nachteile
	fare un riassunto finale.	Zusammenfassung liefern
	usare un **microfono**.	Mikrofon
	fare uso del **proiettore per lucidi**.	Overhead-Projektor
Bisogna evitare	**ridondanze**.	überflüssige Aussagen
	ripetizioni superflue.	unnötige Wiederholungen
	le polemiche.	Polemik
È importante / **Ti consiglio di**	fare più uso delle **statistiche**.	Statistiken
	fornire più esempi.	liefern
	non perderti in **dettagli**.	Einzelheiten
		raten

10.4. **Reazioni** – Reaktionen

La ringrazio molto per	la Sua critica così	**aperta**.	offen
		opportuna.	günstig
		utile.	nützlich, hilfreich
		costruttiva.	konstruktiv
		valida.	wertvoll
	i Suoi **consigli**.		Ratschläge

Mi impegnerò a	prepararmi meglio.	darauf achten
	non **commettere** di nuovo lo stesso **errore**.	Fehler machen
	seguire i suoi consigli.	befolgen